Käsekuchen

AUTORIN: ANNE-KATRIN WEBER | FOTOS: WOLFGANG SCHARDT

Praxistipps

Extra

Rezepte

Kleine Frischkäsekunde

Frischkäse sind direkt nach der Herstellung genussfertig – im Gegensatz zu den gereiften Käsesorten, die zuvor eine gewisse Lagerzeit benötigen.

Quark und Schichtkäse

Die meisten Käsekuchen werden mit Quark gebacken. Quark entsteht, wenn Milch durch Zugabe von Milchsäurebakterien oder Lab gerinnt. Bei der Gerinnung trennen sich die festen und flüssigen Bestandteile voneinander. Der feste Anteil, der sogenannte Käsebruch, wird durch Siebe passiert, wodurch er weiter eindickt. Durch Zugabe von Sahne wird der Fettgehalt eingestellt. Quark gibt es in drei gängigen Fettstufen: 10, 20 und 40 % Fett, wobei sich der Fettgehalt auf die sogenannte »Trockenmasse« (Fett i. Tr.) bezieht. Quark enthält also insgesamt viel weniger Fett: Magerquark enthält absolut 0,3 % Fett, der 20%ige Quark 2,5 % Fett und Sahnequark nur ca. 11 % Fett.

Schichtkäse ist eine Unterart von Quark. Wie es der Name schon verrät, wird er in Formen geschichtet. Dafür verwendet man Schichtkäse mit verschiedenen Fettgehaltsstufen, wobei sich magere und fettere Schichten abwechseln. Vor dem Einschichten wird er nicht wie der Quark glatt und cremig gerührt, wodurch er eine festere und körnigere Konsistenz bekommt. Auch im Geschmack ist Schichtkäse kräftiger als Quark.

Frischkäse und Hüttenkäse

Das Angebot an Frischkäsesorten ist mittlerweile sehr groß. Zum Kuchenbacken eignen sich alle »neutralen« ungewürzten Sorten. Auch mit Ziegenfrischkäse oder milden Frischkäsemischungen lässt es sich hervorragend backen. Frischkäse gibt es in acht unterschiedlichen Fettstufen, die alle zum Backen verwendet werden können. Je höher der Fettanteil, desto gehaltvoller, aber auch cremiger wird der Kuchen. Die amerikanischen Cheesecakes, die seit einigen Jahren auch in Deutschland groß im Kommen sind, werden mit dem vollfetten Doppelrahm-Frischkäse gebacken.

Hüttenkäse ist dagegen ein vergleichsweise sehr magerer Frischkäse. Der in England sehr beliebte »Cottage Cheese« wird auch als «Körniger Frischkäse« gehandelt. Der Name bezieht sich auf die körnigen, weich-geschmeidigen Körnchen, die manchem Käsekuchen einen kleinen, feinen Biss geben.

Ricotta und Mascarpone

Ricotta wurde früher aus Schafsmilch zubereitet, wird heute aber überwiegend aus Kuhmilch hergestellt, vielmehr aus der Kuhkäsemolke. Diese Molke wird erhitzt. Durch Zugabe von Zitronensäure wird das Molkeneiweiß abgetrennt, und man kann die festere Käsemasse an der Oberfläche abschöpfen.

Der hochfette Mascarpone entsteht, indem man Sahne erhitzt, mithilfe einer Säure gerinnen und anschließend abtropfen lässt. Der sehr mild schmeckende Frischkäse wird meist für die Zubereitung von Tiramisu verwendet. Mascarpone schmeckt aber auch herrlich in Käsekuchen, die dadurch besonders cremig und üppig werden.

Quark

Schichtkäse

Frischkäse

Hüttenkäse

Ricotta

Mascarpone

Mürbeteig

Zarte, knusprige Hülle für saftige Käsefüllungen – mit diesem Grundrezept kann einfach nichts schief gehen.

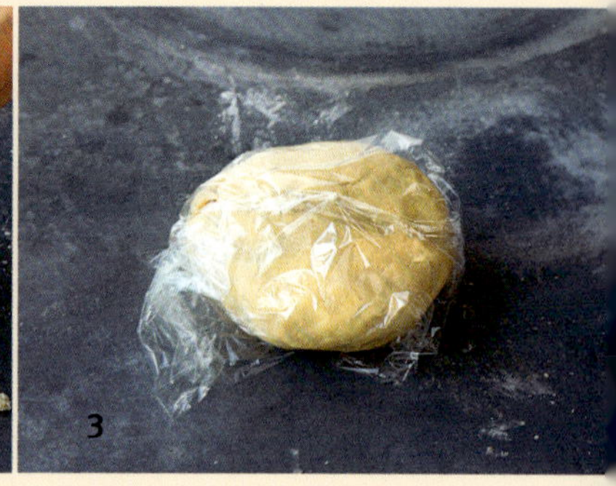

Für 1 Springform von 26–28 cm Ø

250 g Mehl
60 g Zucker
1 Prise Salz
1 Ei (M)
125 g kalte Butter

1 Das Mehl auf eine Arbeitsfläche geben und in die Mitte eine Mulde drücken. Zucker, Salz und Ei dazugeben. Butter in Flöckchen schneiden und auf dem Rand der Mulde verteilen (Bild 1).

2 Die Teigzutaten mit den Fingerspitzen vom Rand aus zu groben Streuseln reiben (Bild 2).

3 Anschließend alles rasch mit den Händen zu einer glatten Teigkugel verkneten. Die Teigkugel etwas flach drücken, in Frischhaltefolie wickeln und ca. 30 Min. kalt stellen (Bild 3).

AROMA-VARIANTEN

Für eine frische Zitrusnote 1–2 TL fein abgeriebene Schale von 1 Bio-Zitrone oder Bio-Limette unter den Teig kneten. Für einen Nuss- oder Mandelmürbeteig bis zu einem Drittel des Mehls durch gemahlene Haselnüsse, Walnüsse oder Mandeln ersetzen. Feinstes Vanillearoma erhält der Mürbeteig durch das Mark von ½ Vanilleschote. Ein mit 1 TL Zimtpulver aromatisierter Mürbeteig passt zu Pflaumenkuchen. Für einen feinen dunklen Schokoteig 1–2 EL Kakaopulver unter das Mehl mischen.

GUT ZU WISSEN

Der klassische Mürbeteig wird mit einem ganzen Ei zubereitet. Auf diese Weise kommt ein recht stabiler, unkomplizierter Teig heraus. Für einen extrafeinen Mürbeteig das Ei durch 2 Eigelb ersetzen. Besonders knusprig wird der Mürbeteig durch die Zugabe von 1–2 EL eiskaltem Wasser.

Unersetzliche Backhelfer

Ohne die geht nichts: Diese Basic-Backhelfer tragen vor, während und nach dem Backen zu besten Käsekuchenergebnissen bei.

1

2

3

Küchenwaage und Messbecher Fürs Backen ist eine mechanische oder digitale Küchenwaage mit Zuwiegefunktion ideal. Ein Messbecher eignet sich sehr gut für lose Grundzutaten wie Mehl, Zucker und Flüssigkeiten (Bild 1).

Formen und Backblech Springformen mit dem typischen geraden und abnehmbaren Rand gibt es in verschiedenen Größen. Tarteformen haben einen niedrigen Rand, der gerade oder schräg, meistens rund, aber auch eckig, glatt oder dekorativ gewellt sein kann. Backbleche gibt es flach oder tief – die tiefen Bleche (Fettpfannen) eignen sich für höhere oder gefüllte Kuchen (Bild 2).

Tortenscheibe und Kuchengitter Mit einer Tortenscheibe aus Aluminium bekommt man jeden Kuchen sicher aus der Form heraus. Auf einem Kuchengitter kann er auskühlen und Feuchtigkeit abgeben, wodurch er knusprig wird (Bild 3).

Köstlich klassisch

Wer denkt nicht gerne an Mutters oder Omas Käsekuchen, der sonntags die Kaffeetafel krönte. In diesem Kapitel finden Sie lauter beliebte Klassiker. Zum Beispiel diesen Sonntagskäsekuchen – viele Eier und reichlich Sahne machen ihn so wunderbar luftig-cremig. Geben Sie ihm etwas Zeit, denn nach 1–2 Tagen schmeckt er am besten.

Sonntagskäsekuchen

Für den Mürbeteig:
250 g Mehl | ½ TL Backpulver
80 g Zucker | 1 Ei (M)
1 Prise Salz | 125 g kalte Butter
Butter für die Form | Mehl zum Arbeiten
Für die Quarkmasse:
1 kg Magerquark
8 Eier (M) | 250 g Zucker
1 Prise Salz | 400 g Sahne
3 gehäufte EL Speisestärke

Für 1 Springform von 28–30 cm Ø (12 Stücke)
2 Std. Abtropfen | 45 Min. Zubereitung
30 Min. Kühlen | 1 Std. 5 Min. Backen
Pro Stück ca. 500 kcal, 19 g EW, 25 g F, 48 g KH

1 Den Quark in einem Sieb ca. 2 Std. abtropfen lassen. Aus den Teigzutaten nach dem Grundrezept (s. S. 6) einen Mürbeteig zubereiten. Den Teig in Frischhaltefolie wickeln und ca. 30 Min. kalt stellen. Die Form einfetten. Backofen auf 220° vorheizen.

2 Für die Quarkmasse die Eier trennen. Eigelbe und 100 g Zucker hell-cremig rühren. Eiweiße, Salz und 150 g Zucker steif schlagen. Sahne steif schlagen. Quark unter die Eigelbcreme rühren, dann den Eischnee unterheben. Die Stärke unterziehen, zuletzt die geschlagene Sahne unterheben.

3 Den Teig auf einer bemehlten Arbeitsfläche rund ausrollen, in die Form geben und dabei einen ca. 6 cm hohen Rand bilden. Quarkmasse darauf verteilen. Im Ofen (unten, Umluft 200°) ca. 20 Min. backen. Dann den Kuchen bei 160° (Umluft 140°) weitere 45 Min. backen, zwischendurch mit Backpapier abdecken. Herausnehmen und auf einem Kuchengitter abkühlen lassen.

ganz einfach | bleibt lange frisch

Käsekuchen ohne Boden

Er ist in Windeseile gerührt und ideal für Backneulinge. Gut eingepackt können Sie den saftigen Kuchen auch zum nächsten Picknick mitnehmen.

1 kg Magerquark
125 g weiche Butter
200 g Zucker
6 Eier (M)
Mark von 1 Vanilleschote
1 Pck. Sahnepuddingpulver zum Kochen
2 TL abgeriebene Schale von 1 Bio-Zitrone
2 EL frisch gepresster Zitronensaft
Butter und Grieß für die Form

Für 1 Springform von 28 cm Ø (12 Stücke)
2 Std. Abtropfen | 30 Min. Zubereitung
50 Min. Backen | 15 Min. Ruhen
Pro Stück ca. 270 kcal, 15 g EW, 13 g F, 23 g KH

1 Den Quark in einem Sieb ca. 2 Std. abtropfen lassen. Butter und 100 g Zucker mit den Quirlen des Handrührgeräts cremig rühren. Die Eier trennen. Eigelbe nacheinander unter die Butter-Zucker-Creme rühren. Vanillemark, abgetropften Quark, Puddingpulver, Zitronenschale und -saft unterrühren. Eiweiße und übrigen Zucker steif schlagen und behutsam unterheben.

2 Den Backofen auf 180° vorheizen. Die Form einfetten und mit Grieß ausstreuen. Die Quarkmasse in die Form füllen und glatt streichen. Im Backofen (unten, Umluft 160°) in ca. 50 Min. goldgelb backen, dabei nach ca. 30 Min. die Oberfläche mit Backpapier abdecken. Den Kuchen im ausgeschalteten Ofen ca. 15 Min. ruhen lassen. Herausnehmen und auf einem Kuchengitter auskühlen lassen.

FRUCHTIGE VARIANTEN

Eine orientalische Note bekommt der Käsekuchen durch die Zugabe von Trockenfrüchten. Dazu die Quarkmasse wie in Schritt 1 (links) zubereiten. 100 g getrocknete Aprikosen und 100 g getrocknete Feigen in kleine Würfel schneiden. Aprikosen und Feigen mit 50 g Rosinen und 150 ml Orangensaft in einem kleinen Topf aufkochen. Die Mischung abkühlen lassen. Dann mit 50 g gehackten Pistazienkernen (ungesalzen), 50 g gemahlenen Mandeln, je 1 TL Zimtpulver und gemahlenem Koriander mischen. Die Früchte unter die Quarkmasse heben. Den Ofen auf 180° vorheizen. Die Form mit Butter einfetten und mit Grieß ausstreuen und die Quarkmasse einfüllen. Den Kuchen, wie links beschrieben, backen.

Während der Kirschsaison können Sie 500 g entsteinte Süß- oder Sauerkirschen auf der Quarkmasse verteilen. In der kalten Jahreszeit gut abgetropfte Früchte aus dem Glas oder TK-Kirschen verwenden.

SCHNELLE MINIS

Für superschnelle Minikäsekuchen die Käsemasse in eine gut gefettete und mit Grieß ausgestreute 12er-Muffinform füllen. Im vorgeheizten Backofen (Mitte) bei 200° (Umluft 180°) in 20–25 Min. goldgelb backen.

bei Groß und Klein beliebt

Russischer Zupfkuchen

Für den Mürbeteig:
375 g Mehl | 2 TL Backpulver
35 g Kakaopulver
200 g Zucker
1 kräftige Prise Salz | 1 Ei (M)
200 g kalte Butter
Butter für die Form
Mehl zum Verarbeiten
Für die Quarkmasse:
150 g Butter | 3 Eier (M)
500 g Magerquark | 175 g Zucker
1 Pck. Vanillepuddingpulver zum Kochen

Für 1 Springform von 26 cm Ø (12 Stücke)
45 Min. Zubereitung | 55 Min. Backen
Pro Stück ca. 540 kcal, 12 g EW, 28 g F, 59 g KH

1 Aus den Teigzutaten nach dem Grundrezept (s. S. 6) einen Mürbeteig zubereiten, in Folie wickeln und ca. 30 Min. kalt stellen. Für die Quarkmasse die Butter zerlassen. Die Eier trennen. Quark, Butter, 100 g Zucker, Eigelbe und Puddingpulver verrühren. Die Eiweiße mit restlichem Zucker steif schlagen und den Eischnee behutsam unterheben.

2 Den Backofen auf 180° vorheizen. Die Form einfetten. Zwei Drittel des Teiges auf wenig Mehl rund ausrollen, in die Form geben und dabei einen ca. 5 cm hohen Rand bilden. Quarkmasse darauf verteilen. Übrigen Teig mit den Händen klein zupfen und auf der Quarkmasse verteilen. Im Ofen (unten, Umluft 160°) 50–55 Min. backen. Herausnehmen und auf einem Kuchengitter abkühlen lassen.

saftig | ganz einfach

Quark-Nuss-Kuchen

5 Eier (M)
150 g weiche Butter
150 g Zucker
150 g gemahlene Haselnüsse
150 g Magerquark
2 TL Zimtpulver
4 EL Rum | 100 g weiße Kuvertüre
Butter für die Form

Für 1 quadratische Form von 24 x 24 cm (oder 1 Springform von 26 cm Ø)(12 Stücke)
30 Min. Zubereitung | 45 Min. Backen
Pro Stück ca. 330 kcal, 7 g EW, 24 g F, 19 g KH

1 Backofen auf 200° vorheizen. Den Boden der Form mit Backpapier auslegen, den Rand einfetten. Die Eier trennen. Butter und 75 g Zucker mit dem Handrührgerät schaumig rühren, dann die Eigelbe unterrühren. Haselnüsse, Quark, Zimtpulver und Rum unterrühren. Eiweiße und übrigen Zucker steif schlagen, behutsam unter die Quarkmasse heben.

2 Den Teig in die Form füllen und glatt streichen. Den Kuchen im Backofen (unten, Umluft 180°) ca. 45 Min. backen. In den letzten 15 Min. Backzeit den Kuchen mit Backpapier abdecken. Herausnehmen, in der Form ca. 10 Min. abkühlen lassen, dann aus der Form lösen und auskühlen lassen.

3 Für die Verzierung die Kuvertüre hacken und in einer Schüssel über dem heißen Wasserbad schmelzen lassen. In einen Tiefkühlbeutel geben, eine kleine Ecke abschneiden und den Kuchen damit schlierenartig verzieren.

links: Quark-Nuss-Kuchen | rechts: Russischer Zupfkuchen

braucht etwas Zeit

Mohn-Käsekuchen

Ein köstlicher Kuchen mit zwei Füllungen, der auch nach zwei Tagen immer noch wie frisch gebacken schmeckt.

Für den Mürbeteig:
250 g Mehl
75 g Zucker
1 Prise Salz
2 Eigelb (M)
125 g kalte Butter
Butter für die Form
Mehl zum Arbeiten
Für die Mohnmasse:
125 ml Milch
50 g Butter
50 g Zucker
1 TL abgeriebene Schale von 1 Bio-Zitrone
250 g gemahlener Mohn
Für die Quarkmasse:
2 Eier (M)
125 g Zucker
500 g Quark (20 % Fett)
200 g Schmand
2 gehäufte EL Speisestärke
2 TL abgeriebene Schale von 1 Bio-Zitrone
2 EL frisch gepresster Zitronensaft
1 Eigelb und 1 EL Milch zum Bestreichen

Für 1 Springform von 26 cm Ø (12 Stücke)
45 Min. Zubereitung
30 Min. Kühlen | 1 Std. 10 Min. Backen
Pro Stück ca. 500 kcal, 15 g EW, 31 g F, 41 g KH

1 Für den Mürbeteig das Mehl auf die Arbeitsfläche sieben und in die Mitte eine Mulde drücken. Zucker, Salz und Eigelbe hineingeben. Butter in Flöckchen auf dem Rand verteilen. Alle Teigzutaten vom Rand aus rasch zu einem geschmeidigen Teig verkneten. Den Teig in Frischhaltefolie wickeln und ca. 30 Min. kalt stellen.

2 Für die Mohnmasse Milch mit Butter, Zucker und Zitronenschale aufkochen, Topf vom Herd nehmen. Den Mohn hineinrühren und zugedeckt quellen lassen. Backofen auf 180° vorheizen. Form einfetten.

3 Für die Quarkmasse die Eier trennen. Eiweiße und Zucker mit den Quirlen des Handrührgeräts steif schlagen. Quark, Schmand, Eigelbe, Speisestärke, Zitronenschale und -saft gut verrühren und den Eischnee behutsam unterheben.

4 Den Teig auf einer bemehlten Arbeitsfläche rund ausrollen, in die Form geben und dabei einen ca. 4 cm hohen Rand bilden. Zuerst die Mohnmasse, dann die Quarkmasse darauf verteilen. Den Kuchen im Ofen (unten, Umluft 160°) ca. 30 Min. backen. Eigelb und Milch verquirlen, den Kuchen damit bestreichen und in ca. 40 Min. fertig backen.

süßsäuerlich

Johannisbeer-Baiser-Käsekuchen

Ein ganzes Blech voll Kuchenglück! Und wie jeder Hefekuchen schmeckt auch dieser frisch am besten. Aber keine Sorge – hier bleibt garantiert nichts übrig.

Für den Teig:
375 g Mehl | ½ Würfel frische Hefe (ca. 20 g)
125 ml Milch | 60 g Zucker
80 g weiche Butter
1 Ei (M) |1 kräftige Prise Salz
Butter für das Backblech | Mehl zum Arbeiten
Für die Quarkmasse:
4 Eier (M) | 1 kg Schichtkäse (20 % Fett)
200 g Sahne | 150 g Zucker
2 TL abgeriebene Schale von 1 Bio-Zitrone
2 EL frisch gepresster Zitronensaft
60 g Speisestärke
Außerdem:
500 g Rote Johannisbeeren
3 Eiweiß (M) | 150 g Zucker

Für 1 tiefes Backblech (16 Stücke)
50 Min. Zubereitung | 1 Std. Ruhen
40 Min. Backen
Pro Stück ca. 370 kcal, 13 g EW, 14 g F, 47 g KH

1 Mehl in eine Schüssel geben, in die Mitte eine Mulde drücken, Hefe hineinbröckeln. Milch lauwarm erhitzen. Hefe mit Milch, 1 TL Zucker und etwas Mehl vom Rand verrühren. Den Vorteig abgedeckt an einem warmen Ort ca. 15 Min. gehen lassen.

2 Restlichen Zucker, Butter, Ei und Salz dazugeben. Zuerst mit den Knethaken des Handrührgeräts, dann mit den Händen zu einem glatten Teig verkneten. Abgedeckt ca. 45 Min. an einem warmen Ort bis zur doppelten Größe gehen lassen.

3 Für die Quarkmasse die Eier trennen. Schichtkäse, Sahne, Eigelbe, 75 g Zucker, Zitronenschale, Zitronensaft und Stärke verrühren. Eiweiße und restlichen Zucker steif schlagen und behutsam unter die Quarkcreme heben. Backofen auf 180° vorheizen. Backblech einfetten. Johannisbeeren abbrausen, trocken tupfen und von den Stielen streifen.

4 Den Teig einmal durchkneten, auf einer leicht bemehlten Arbeitsfläche in der Größe des Blechs ausrollen und auf das Blech legen, dabei einen kleinen Rand hochziehen. Quarkmasse darauf verstreichen. Johannisbeeren darauf verteilen. Im Ofen (Mitte, Umluft 160°) 25–30 Min. backen.

5 Eiweiße steif schlagen, Zucker einrieseln lassen und ca. 2 Min. weiterschlagen. Eischnee in einen Spritzbeutel mit großer Sterntülle füllen und in Tupfen auf den Kuchen spritzen. Kuchen in 5–10 Min. fertig backen, bis das Baiser zart gebräunt ist.

VARIANTE – MANDEL-STREUSELKUCHEN

Teig und Quarkmasse wie oben zubereiten. Johannisbeeren und Baiser weglassen. Dafür 250 g Mehl, 150 g Zucker, 200 g Butter und 100 g abgezogene gemahlene Mandeln zu Streuseln verkneten. Den Teig wie oben ausrollen und auf das gefettete Blech legen, dabei einen kleinen Rand hochziehen. Den Teig mit 200 g Himbeer- oder Zwetschgenkonfitüre bestreichen und die Quarkmasse darauf verteilen. Streusel daraufgeben. Im vorgeheizten Backofen (Mitte) bei 180° (Umluft 160°) ca. 35 Min. backen.

herrlich saftig

Quark-Gugelhupf

Dieser feine Kuchen lässt sich vielfältig variieren. Ob pur, mit Nüssen oder doch lieber mit Guss – er kommt einfach immer gut an.

250 g Magerquark
3 EL Rum
100 g Rosinen
200 g weiche Butter
150 g Zucker
1 Päckchen Vanillezucker
2 TL abgeriebene Schale von 1 Bio-Zitrone
2 Eier (M)
150 g Schmand
350 g Mehl | 2 TL Backpulver
100 g abgezogene gemahlene Mandeln
Butter, Semmelbrösel und 16 ganze, abgezogene Mandeln für die Form
Puderzucker zum Bestreuen

Für 1 Gugelhupfform von ca. 2 l Inhalt (14 Stücke)
2 Std. Abtropfen | 5 Min. Zubereitung
45 Min. Backen
Pro Stück ca. 380 kcal, 8 g EW, 21 g F, 37 g KH

1 Quark in einem Sieb ca. 2 Std. abtropfen lassen. Rum oder 3 EL Wasser erwärmen und die Rosinen darin einweichen. Die Form einfetten, mit den Semmelbröseln ausstreuen und die ganzen Mandeln auf dem Boden verteilen. Ofen auf 200° vorheizen.

2 Butter, Zucker, Vanillezucker und Zitronenschale mit den Quirlen des Handrührgeräts schaumig schlagen. Die Eier nacheinander gründlich unterrühren. Abgetropften Quark und Schmand unterrühren. Mehl und Backpulver mischen, mit Mandeln und Rosinen kurz unterrühren.

3 Den Teig in die Form füllen. Im Ofen (unten, Umluft 180°) in ca. 45 Min. goldbraun backen (dabei die Stäbchenprobe machen). Kuchen herausnehmen, in der Form ca. 15 Min. abkühlen lassen, dann auf einem Kuchengitter vollständig auskühlen lassen. Mit Puderzucker bestreuen.

TIPP – MIT SCHOKOLADENGUSS

150 g Vollmilch- oder Zartbitter-Kuvertüre hacken und in einer Edelstahlschüssel über dem heißen Wasserbad schmelzen lassen. Die Schüssel vom Wasserbad nehmen und die Kuvertüre fest werden lassen. Erneut zum Schmelzen bringen (so erhält die Kuvertüre den schönen Glanz). Mit einem Esslöffel zügig auf dem Kuchen verteilen und an den Seiten herunterlaufen lassen.

VARIANTEN

Wenn Sie es gerne schokoladig mögen, einfach 100 g Schokolade (weiße, Vollmilch- oder Zartbitterschokolade) in Stückchen unter den Teig rühren. Für eine nussige Variante 150 g gemischte Nüsse (z. B. Haselnusskerne, Pekannüsse und Walnusskerne) grob hacken und unter den Rührteig mischen. Die Form mit Butter einfetten, mit gehackten Haselnüssen bestreuen und den Teig einfüllen. Den Kuchen, wie oben beschrieben, backen.

Für Minis die Mulden einer 12er-Muffinform einfetten und mit Mehl bestäuben. Den Teig in die Mulden füllen und die kleinen Kuchen ca. 20 Min. backen.

VORRATS-TIPP

In Alufolie verpackt und an einem kühlen Ort gelagert hält sich der Gugelhupf 4–5 Tage frisch.

Frisch & fruchtig

Hier geht's ziemlich fruchtig zu! Quark und Co. gehen eine Liaison mit saftigen Früchten ein und bringen Abwechslung auf die Kuchenteller. Beim Himbeer-Mascarpone-Käsekuchen sorgen sahniger Mascarpone, duftende Amarettini und aromatische Himbeeren für Sommer-Feeling. Mit diesem Kuchen überzeugen Sie selbst Käsekuchenmuffel!

Himbeer-Mascarpone-Käsekuchen

120 g Butter
200 g Amarettini (italienische Mandelmakronen)
5 Eier (M) | 125 g Zucker
500 g Mascarpone
500 g Magerquark | 2 Päckchen Vanillezucker
1 TL abgeriebene Schale von 1 Bio-Zitrone
2 EL frisch gepresster Zitronensaft
2 Päckchen Vanillepuddingpulver zum Kochen
300 g Himbeeren (frisch oder TK)
Butter für die Form

Für 1 Springform von 26 cm Ø (12 Stücke)
45 Min. Zubereitung | 1 Std. 10 Min. Backen
Pro Stück ca. 490 kcal, 12 g EW, 35 g F, 32 g KH

1 Den Boden der Form mit Backpapier auslegen, den Rand einfetten. Die Butter schmelzen lassen. Amarettini in einem Gefrierbeutel mit dem Nudelholz fein zerkrümeln und mit der Butter mischen. Drei Viertel davon in die Form geben und am Boden fest andrücken. Übrige Streusel beiseitestellen. Backofen auf 180° vorheizen.

2 Für die Creme die Eier trennen. Eiweiße mit 50 g Zucker steif schlagen. Eigelbe mit restlichem Zucker cremig rühren. Mascarpone, Quark, Vanillezucker, Zitronenschale, Zitronensaft und Puddingpulver unterrühren. Den Eischnee unterheben.

3 Die Hälfte der Creme auf dem Streuselboden glatt streichen. Die Hälfte der Himbeeren (TK-Beeren unaufgetaut) darauf verteilen, restliche Creme darauf verstreichen und mit den übrigen Himbeeren belegen. Mit den beiseitegestellten Streuseln bestreuen. Im Ofen (Mitte, Umluft 160°) ca. 20 Min. backen, dann den Kuchen bei 160° (Umluft 140°) weitere 50 Min. backen, dabei eventuell mit Backpapier abdecken. Den Kuchen vor dem Anschneiden vollständig auskühlen lassen.

schnell | einfach

Aprikosen-Käsekuchen

ca. 1,5 kg reife Aprikosen (oder 2 Dosen Aprikosen à 490 g Abtropfgewicht)
250 g weiche Butter
250 g Zucker
6 Eier (M) | 1 kg Magerquark
100 g Weichweizengrieß
40 g Speisestärke
1 TL abgeriebene Schale von 1 Bio-Zitrone
2 Päckchen Vanillezucker
100 g Aprikosenkonfitüre
Butter und Grieß für das Backblech

Für 1 tiefes Backblech (20 Stücke)
35 Min. Zubereitung | 45 Min. Backen
Pro Stück ca. 260 kcal, 10 g EW, 13 g F, 27 g KH

1 Aprikosen in einer Schüssel mit kochendem Wasser überbrühen, kurz stehen lassen, kalt abschrecken, häuten, halbieren und entsteinen (Dosenfrüchte abtropfen lassen). Butter und 200 g Zucker mit den Quirlen des Handrührgeräts schaumig rühren. Eier trennen, Eigelbe nach und nach unter die Butter-Zucker-Creme rühren.

2 Quark, Grieß, Stärke und Zitronenschale unterrühren. Eiweiße mit restlichem Zucker und Vanillezucker steif schlagen und behutsam unterheben. Backofen auf 180° vorheizen. Backblech einfetten, mit Grieß ausstreuen. Quarkmasse darauf verstreichen. Aprikosen mit der Wölbung nach oben auf der Quarkmasse verteilen. Im Ofen (Mitte, Umluft 160°) ca. 45 Min. backen. Konfitüre erwärmen, glatt rühren und den Kuchen damit bestreichen.

saftig | schmeckt warm und kalt

Birnen-Käsekuchen

1 kg reife Birnen
300 ml trockener Weißwein (oder Apfelsaft)
3 EL frisch gepresster Zitronensaft
150 g Zucker | 5 Eier (M)
150 g weiche Butter
2 Päckchen Vanillezucker | 1 kg Magerquark
75 g feiner Maisgrieß (Polenta)
1 EL abgeriebene Schale von 1 Bio-Orange
Butter und Maisgrieß für die Form

Für 1 eckige Back- oder Auflaufform von ca. 25 x 30 cm (12 Stücke)
45 Min. Zubereitung | 45 Min. Backen
Pro Stück ca. 310 kcal, 15 g EW, 14 g F, 28 g KH

1 Birnen schälen, halbieren und entkernen. Wein mit Zitronensaft und 25 g Zucker aufkochen. Die Birnen darin zugedeckt in 5–7 Min. bissfest dünsten, dann abtropfen lassen. 6 EL Birnensud abnehmen. Form einfetten und mit Maisgrieß ausstreuen. Backofen auf 180° vorheizen.

2 Eier trennen. Butter und 60 g Zucker mit den Quirlen des Handrührgeräts schaumig rühren. Eigelbe unterrühren. Vanillezucker, Quark, Maisgrieß und Orangenschale unterrühren. Eiweiße mit übrigem Zucker steif schlagen. Eischnee behutsam unter die Quarkcreme heben. Teig in die Form streichen, Birnenhälften darauf verteilen. Im Ofen (Mitte, Umluft 160°) ca. 45 Min. backen. Herausnehmen und abkühlen lassen. Birnensud offen auf 2–3 EL sirupartig einkochen lassen und den Kuchen damit bestreichen.

oben: Aprikosen-Käsekuchen | unten: Birnen-Käsekuchen

luftig-leicht

Mascarpone-Baisers mit Brombeeren

Klein und fein lautet hier die Devise. Und die Baisers lassen sich schon ein paar Tage vorher zubereiten.

4 Eiweiß (M) | 225 g Zucker | 1 TL Speisestärke | 1 TL Weißweinessig | 150 g Mascarpone | 150 g Quark (20 % Fett i. Tr.) | 2 EL Puderzucker | 300 g Brombeeren | 2 gehäufte EL Brombeergelee | 1–2 EL Cassis (Schwarzer Johannisbeerlikör oder Johannisbeernektar)

Für 10 Stück | 30 Min. Zubereitung
1 Std. Backen | 30 Min. Trocknen
Pro Stück ca. 220 kcal, 4 g EW, 8 g F, 31 g KH

1 Den Backofen auf 150° vorheizen. Zwei Backbleche mit Backpapier auslegen. Die Eiweiße steif schlagen. Den Zucker unter Rühren einrieseln lassen und weiterschlagen, bis der Eischnee fest ist und glänzt. Die Stärke und den Essig unterrühren.

2 Die Masse mit einem Esslöffel in 10 Häufchen mit Abstand auf die Bleche geben, dabei jeweils eine Mulde hineindrücken. Im Backofen (Mitte) bei 100° (Umluft 80°) ca. 1 Std. backen. Den Backofen ausschalten und die Baisers ca. 30 Min. in der verbleibenden Ofenhitze trocknen lassen. Herausnehmen und abkühlen lassen.

3 Kurz vor dem Servieren den Mascarpone mit Quark und Puderzucker verrühren. Brombeeren waschen und trocken tupfen. Je einen Klecks Mascarpone auf die Baisers geben, Brombeeren darauf verteilen. Brombeergelee und Likör glatt rühren und über die Beeren träufeln.

frisch am besten

Strudel-Käsetörtchen

50 g Butter | 200 g Hüttenkäse | 200 g griechischer Joghurt (10 % Fett) | 40 g Zucker | 1 Ei (M) | 1 EL Speisestärke | 2 TL abgeriebene Schale von 1 Bio-Zitrone | 250 g Filoteig (Kühlregal) | 300 g helle und blaue Weintrauben | 2 EL frisch gepresster Zitronensaft | 1 EL Puderzucker

Für 1 Muffinform (12 Stück)
1 Std. Zubereitung | 25 Min. Backen
Pro Stück ca. 190 kcal, 4 g EW, 12 g F, 17 g KH

1 Ofen auf 180° vorheizen. Butter schmelzen lassen. Mulden der Form mit Butter ausstreichen. Hüttenkäse, Joghurt, Zucker, Ei, Stärke und Zitronenschale verrühren. Teigblätter ausbreiten und in Quadrate (ca. 12 x 12 cm) schneiden. Je 3 Quadrate versetzt übereinander in die Mulden legen, mit übriger Butter bestreichen. Käsemasse einfüllen. Im Ofen (unten, Umluft 160°) 20–25 Min. backen. Ca. 10 Min. abkühlen lassen, dann herauslösen. Trauben waschen, halbieren. Mit Zitronensaft und Puderzucker vermischen. Auf die Törtchen geben.

kinderleicht | blitzschnell

Blätterteig-Pfirsich-Kissen

6 rechteckige Scheiben TK-Blätterteig (450 g) | 1 Dose Pfirsichhälften (480 g Abtropfgewicht) | 250 g Quark (20 % Fett i. Tr.) | 1 Ei (M) | 50 g Zucker | 2 TL abgeriebene Schale von 1 Bio-Orange | 1–2 EL Puderzucker | 2 EL gehackte Pistazienkerne (ungesalzen)

Für 12 Stück
20 Min. Zubereitung | 30 Min. Backen
Pro Stück ca. 230 kcal, 6 g EW, 12 g F, 25 g KH

1 Blätterteig ca. 5 Min. antauen lassen. Backblech mit Backpapier auslegen. Pfirsiche abtropfen lassen. Quark, Ei, Zucker und Orangenschale glatt rühren. Ofen auf 200° vorheizen.

2 Die Teigscheiben halbieren, auf das Backblech legen und mit einer Gabel mehrmals einstechen. Die Quarkcreme mittig daraufgeben, mit je 1 Pfirsichhälfte (Wölbung nach oben) belegen. Im Backofen (unten, Umluft 180°) ca. 30 Min. backen. Mit Puderzucker und Pistazien bestreuen.

knusprig-nussig

Rhabarber-Käsekuchen

Ein wahrhaft wandel- und wunderbarer Käsekuchen! Bereiten Sie ihn auch einmal mit Himbeeren, Heidelbeeren oder Kirschen zu!

Für den Streuselteig:
100 g Walnusskerne
175 g Dinkelmehl (Type 1050)
50 g Speisestärke
½ TL Backpulver
1 Prise Salz | 1 Eigelb (M)
100 g Rohrohrzucker
150 g weiche Butter
Butter für die Form
Für die Füllung:
500 g Rhabarber
2 Eier (M) | 50 g Speisestärke
300 ml Milch
80 g Rohrohrzucker
Mark von ½ Vanilleschote
250 g Quark (20 % Fett i. Tr.)
1 EL Puderzucker

Für 1 Springform von 26 cm Ø (12 Stücke)
50 Min. Zubereitung | 45 Min. Backen
Pro Stück ca. 360 kcal, 8 g EW, 20 g F, 35 g KH

1 Für den Teig die Walnusskerne im Blitzhacker fein mahlen. 50 g gemahlene Nüsse, Mehl, Stärke, Backpulver, Salz, Eigelb, Zucker und Butter in einer Rührschüssel mit den Knethaken des Handrührgeräts ca. 1 Min. rühren, bis Streusel entstehen. Den Boden der Form mit Backpapier auslegen, den Rand einfetten. Zwei Drittel der Streusel auf dem Boden festdrücken, dabei einen kleinen Rand formen. Restliche Streusel kalt stellen.

2 Rhabarber putzen, waschen, abtropfen lassen und nach Belieben schälen. In ca. 3 cm lange Stücke schneiden. Die Eier trennen. Stärke mit 5 EL Milch glatt rühren. Restliche Milch mit Zucker und Vanillemark aufkochen. Die angerührte Speisestärke hinzugeben und unter kräftigem Rühren mit dem Schneebesen einmal aufkochen lassen, bis ein sehr dicker Pudding entsteht. Quark und Eigelbe dazugeben und unter ständigem Rühren einmal aufkochen. Den Topf vom Herd ziehen.

3 Den Backofen auf 180° vorheizen. Eiweiße und Puderzucker steif schlagen, Eischnee behutsam unter den Pudding heben. Die übrigen Walnüsse auf den Teigboden streuen. Die Käsecreme darauf streichen, die Rhabarberstückchen darauf verteilen. Mit den restlichen Streuseln bestreuen.

4 Im Ofen (Mitte, Umluft 160°) ca. 45 Min. backen, dann den Kuchen im ausgeschalteten Ofen weitere 10 Min. stehen lassen. Dann herausnehmen, ca. 20 Min. ruhen lassen, aus der Form nehmen und vollständig auskühlen lassen.

VORRATS-TIPP

Den besten Vanillezucker stellen Sie leicht selbst her: Dafür die ausgekratzte Vanilleschote mit Zucker in ein Schraubglas füllen, das Glas verschließen und einige Tage durchziehen lassen.

1
2
3
4
5

Herbstvergnügen

Zwetschgenwähe

Genießen Sie den saftigen Herbstkuchen ganz frisch aus dem Ofen. Mit den späten süßen Zwetschgensorten schmeckt er am allerbesten!

Für den Hefeteig:
125 ml Milch | 375 g Mehl
½ Würfel frische Hefe (ca. 20 g)
75 g Zucker
60 g weiche Butter
1 kräftige Prise Salz
Butter für das Backblech
Mehl zum Arbeiten
Für den Belag:
500 g Quark (40 % Fett i. Tr.)
250 g Schmand
5 Eier (M) | 125 g Zucker
50 g Speisestärke
2 TL abgeriebene Schale von 1 Bio-Zitrone
10 Löffelbiskuits (oder 6–7 Zwiebäcke)
2 kg Zwetschgen

Für 1 tiefes Backblech (16 Stücke)
1 Std. Zubereitung | 50 Min. Backen
Pro Stück ca. 360 kcal, 10 g EW, 13 g F, 49 g KH

1 Die Milch lauwarm erhitzen. Das Mehl in eine Schüssel geben, in die Mitte eine Mulde drücken. Die Hefe hineinbröckeln, mit etwas Milch, 1 TL Zucker und etwas Mehl vom Rand verrühren (Bild 1). Den Vorteig abgedeckt an einem warmen Ort ca. 15 Min. gehen lassen.

2 Übrige lauwarme Milch, restlichen Zucker, Butter und Salz zum Vorteig geben. Zuerst mit den Knethaken des Handrührgeräts, dann mit den Händen zu einem glatten Teig verkneten. Abgedeckt an einem warmen Ort ca. 45 Min. gehen lassen, bis sich das Volumen verdoppelt hat (Bild 2).

3 Inzwischen Quark, Schmand, Eier, Zucker, Stärke und Zitronenschale glatt rühren. Die Löffelbiskuits fein zerkrümeln. Die Zwetschgen waschen und trocken tupfen. Jeweils oben und unten kreuzförmig einschneiden, dann an der Narbe entlang einschneiden und entsteinen (Bild 3).

4 Das Backblech einfetten. Den Backofen auf 200° vorheizen. Den Hefeteig auf einer leicht bemehlten Arbeitsfläche ausrollen und auf das Blech legen, dabei einen kleinen Rand hochziehen. Mit den Kekskrümeln bestreuen. Zwetschgen dachziegelartig darauflegen (Bild 4). Die Quarkmasse darauf verteilen. Im Ofen (Mitte, Umluft 180°) ca. 50 Min. backen. Herausnehmen und abkühlen lassen.

VARIANTE – HEIDELBEERKUCHEN MIT QUARKGUSS

Für 1 Blech den Hefeteig, wie beschrieben, zubereiten. Für den Guss 40 g gemahlenen Mohn mit 500 g Quark (40 % Fett i. Tr.), 250 g Sahne, 5 Eiern (M), 100 g Zucker, 1 Päckchen Vanillepuddingpulver zum Kochen und 1 EL abgeriebener Schale von 1 Bio-Orange verrühren. 1 kg Heidelbeeren verlesen, waschen und trocken tupfen. Den gegangenen Teig auf einer leicht bemehlten Arbeitsfläche ausrollen, auf das Blech legen, dabei einen kleinen Rand bilden. Teig mit 200 g Heidelbeerkonfitüre bestreichen, mit den Heidelbeeren belegen und den Guss darübergießen. Im vorgeheizten Backofen (Mitte) bei 200° (Umluft 180°) ca. 50 Min. backen.

ohne Backen | sahnig-beerig

Beerentorte

100 g Butter
200 g Vollkorn-Butterkekse
8 Blatt weiße Gelatine
400 g frische gemischte Beeren (z. B. Himbeeren, Brombeeren, Rote Johannisbeeren)
250 g Magerquark
250 g Vanillejoghurt | 50 g Zucker
2 EL frisch gepresster Zitronensaft
250 g Sahne
100 g Himbeer- oder rotes Johannisbeergelee
Butter für die Form

Für 1 Springform von 26 cm Ø (12 Stücke)
35 Min. Zubereitung | 3 Std. 30 Min. Kühlen
Pro Stück ca. 290 kcal, 7 g EW, 18 g F, 26 g KH

1 Den Boden der Form mit Backpapier auslegen, den Rand einfetten. Für die Streusel die Butter schmelzen. Kekse fein zerkrümeln und mit der Butter mischen. Die Keksmasse auf den Boden der Form drücken, dabei einen Rand bilden.

2 Gelatine in kaltem Wasser ca. 5 Min. einweichen. Beeren waschen und trocken tupfen. Quark, Joghurt und Zucker verrühren. Zitronensaft erwärmen, Gelatine tropfnass darin auflösen. Etwas Creme unter die Gelatine rühren, dann diese Mischung unter die restliche Quarkcreme rühren. Sahne steif schlagen und behutsam unterheben. Die Creme auf den Keksboden streichen, Beeren darauf verteilen. Die Creme im Kühlschrank in ca. 3 Std. 30 Min. fest werden lassen. Das Gelee leicht erwärmen und glatt rühren. Mit einem Löffel schlierenartig auf dem Kuchen verteilen.

luftig-cremig | ganz einfach

Rote-Grütze-Käsekuchen

100 g Butter
200 g Vollkorn-Butterkekse
6 Eier (M)
225 g Zucker
250 g Schmand
750 g Magerquark
125 g Weichweizengrieß
2 EL frisch gepresster Zitronensaft
2 TL abgeriebene Schale von 1 Bio-Zitrone
200 g rote Beerengrütze (Fertigprodukt)
Butter für die Form

Für 1 Springform von 26 cm Ø (12 Stücke)
40 Min. Zubereitung | 1 Std. Backen
Pro Stück ca. 404 kcal, 15 g EW, 19 g F, 42 g KH

1 Den Boden der Form mit Backpapier auslegen, den Rand einfetten. Für den Boden die Butter schmelzen lassen. Kekse fein zerkrümeln und mit der Butter mischen. Die Keksmasse auf den Boden der Form drücken, dabei einen Rand bilden. Den Backofen auf 160° vorheizen.

2 Für die Käsecreme die Eier trennen. Eiweiße steif schlagen, 100 g Zucker einrieseln lassen und weiterschlagen, bis der Eischnee dick-cremig ist. Eigelbe, übrigen Zucker, Schmand, Quark, Grieß, Zitronensaft und -schale verrühren. Eischnee behutsam unter die Quarkmasse heben.

3 Die Hälfte der Creme in die Form füllen, die Grütze darauf verteilen, dabei einen kleinen Abstand zum Rand lassen. Restliche Creme daraufstreichen. Im Ofen (Mitte, Umluft 140°) ca. 1 Std. backen. In der Form ganz auskühlen lassen.

oben: Rote-Grütze-Käsekuchen | unten: Beerentorte

für Gäste

Erdbeer-Torteletts

Diese fruchtigen Torteletts schmecken nach einem leichten frühsommerlichen Essen auch fein zum Dessert. Sie lassen sich sehr gut vorbereiten.

Für den Mürbeteig:
300 g Mehl
100 g gemahlene Mandeln
100 g Zucker
1 Prise Salz
2 Eigelb (M)
250 g kalte Butter
Butter für die Förmchen
Mehl zum Arbeiten
getrocknete Hülsenfrüchte zum Blindbacken
Für den Belag:
4 Blatt weiße Gelatine
750 g Erdbeeren
250 g Mascarpone
125 g Puderzucker
2 EL frisch gepresster Zitronensaft
200 g Sahne
150 g Erdbeerfruchtaufstrich (ohne Stückchen)
Puderzucker zum Bestreuen

Für 12 Tortelettsformen (à ca. 10 cm Ø)
1 Std. Zubereitung
30 Min. Kühlen | 25 Min. Backen
Pro Stück ca. 590 kcal, 7 g EW, 39 g F, 52 g KH

1 Das Mehl auf eine Arbeitsfläche sieben, in die Mitte eine Mulde drücken. Mandeln, Zucker, Salz und Eigelbe hineingeben. Butter in Flöckchen auf dem Rand verteilen. Alle Zutaten vom Rand aus rasch zu einem geschmeidigen Teig verkneten. Den Teig in Frischhaltefolie gewickelt ca. 30 Min. kalt stellen.

2 Den Backofen auf 200° vorheizen. Die Förmchen einfetten. Den Teig auf einer leicht bemehlten Arbeitsfläche ca. 3 mm dünn ausrollen, die Förmchen damit auskleiden. Die Teigreste erneut verkneten, die übrigen Förmchen damit auskleiden. Teig mit Backpapier belegen und mit getrockneten Hülsenfrüchten beschweren. Im Ofen (Mitte, Umluft 180°) in 20–25 Min. goldbraun backen. Backpapier und Hülsenfrüchte entfernen. Torteletts auskühlen lassen.

3 Inzwischen die Gelatine in kaltem Wasser ca. 5 Min. einweichen. Erdbeeren waschen, trocken tupfen und putzen. 500 g Erdbeeren beiseitestellen, übrige Beeren pürieren. Erdbeerpüree mit Mascarpone und Puderzucker glatt rühren. Zitronensaft erwärmen, Gelatine tropfnass dazugeben und auflösen. Etwas Creme unterrühren, diese Mischung unter die übrige Creme rühren. Mascarponecreme 20–30 Min. kalt stellen, bis sie leicht andickt. Die Sahne steif schlagen und unterheben.

4 Torteletts mit Fruchtaufstrich bestreichen. Die Creme daraufstreichen und die beiseitegestellten Beeren leicht hineindrücken. Die Törtchen ca. 2 Std. kalt stellen. Kurz vor dem Servieren die Torteletts mit Puderzucker bestreuen.

VORRATS-TIPP

Die Mürbeteig-Torteletts können Sie schon einige Tage vorher backen, abkühlen lassen und in einer Dose luftdicht verschlossen aufbewahren.

Weltweit beliebt

Auf in die weite Welt! Egal ob Sie sich für amerikanische Cheesecakes, Schmankerl aus Österreich oder südländische Genüsse begeistern, hier gibt es einiges zu entdecken. Diese Tarte beispielsweise schmeckt nach Sommerurlaub in Frankreich. Dafür ist der milde Ziegenfrischkäse zuständig, der mit Pfirsichen und Lavendel für mediterranes Aroma sorgt.

Pfirsich-Ziegenkäse-Tarte

Für den Mürbeteig:
200 g Mehl | 50 g Zucker
1 Prise Salz | 1 Eigelb (M)
120 g kalte Butter
Butter für die Form
Mehl zum Arbeiten
Für den Belag:
750 g reife Pfirsiche
3 Eier (M) | 120 g Zucker
225 g Ziegenfrischkäse
250 g Quark (20 % Fett i. Tr.) | 50 g Speisestärke
2 TL abgeriebene Schale von 1 Bio-Zitrone
2 EL frisch gepresster Zitronensaft
einige Stiele Lavendel (nach Belieben)

Für 1 Tarte- oder Springform von 28 cm Ø
(12 Stücke)
1 Std. Zubereitung | 1 Std. 10 Min. Backen
Pro Stück ca. 340 kcal, 10 g EW, 16 g F, 36 g KH

1 Aus den Teigzutaten nach dem Grundrezept (s. S. 6) einen Mürbeteig kneten und ca. 30 Min. kalt stellen. Backofen auf 200° vorheizen. Form einfetten. Teig auf einer bemehlten Arbeitsfläche in der Größe der Form ausrollen und in die Form legen, dabei einen kleinen Rand bilden. Teig mit einer Gabel mehrmals einstechen und im Ofen (Mitte, Umluft 180°) ca. 20 Min. vorbacken.

2 Inzwischen Pfirsiche waschen, halbieren und entsteinen. Eier trennen. Eiweiße und 50 g Zucker steif schlagen. Eigelbe und übrigen Zucker cremig rühren. Frischkäse, Quark, Stärke, Zitronenschale und -saft unterrühren. Eischnee unterheben.

3 Die Creme auf den Teigboden streichen, Pfirsiche mit der gewölbten Seite nach oben darauf verteilen. Im Ofen (unten) bei 150° (Umluft 140°) ca. 50 Min. backen. Herausnehmen und abkühlen lassen. Nach Belieben mit Lavendel garnieren.

auch fein als Dessert | hält lange frisch

Limetten-Cheesecake

100 g Butter
180 g Butterkekse
1 Päckchen Vanillezucker
800 g Frischkäse (Doppelrahmstufe)
100 g Sahne
150 g Zucker
3 EL Speisestärke
2 Eier (M)
4 EL frisch gepresster Limettensaft
2 Bio-Limetten
150 g Crème fraîche

Für 1 Springform von 26 cm Ø (12 Stücke)
30 Min. Zubereitung | 45 Min. Backen
Pro Stück ca. 500 kcal, 10 g EW, 38 g F, 29 g KH

1 Die Form mit Backpapier auslegen. Butter schmelzen lassen. Kekse in einem Gefrierbeutel fein zerkrümeln. Mit Butter und Vanillezucker mischen. Die Keksmasse auf den Boden der Form drücken. Den Backofen auf 180° vorheizen.

2 Frischkäse, Sahne, Zucker, Stärke, Eier und Limettensaft verrühren. Die Masse auf den Boden streichen. Im Backofen (Mitte, Umluft 160°) ca. 45 Min. backen, eventuell mit Backpapier abdecken. Den Kuchen anschließend in der Form mehrere Stunden auskühlen lassen.

3 Kurz vor dem Servieren die Limetten heiß waschen, trocken tupfen und in dünne Scheiben schneiden. Den Kuchen in Stücke schneiden, auf jedes Stück einen Klecks Crème fraîche geben und mit 1 Limettenscheibe verzieren.

sommerlich frisch

Beeren-Cheesecake

100 g Butter
180 g Vollkorn-Butterkekse
5 Eier (M) | 150 g Zucker
400 g Magerquark
400 g Frischkäse (Doppelrahmstufe)
200 g Crème fraîche
60 g Speisestärke
2 EL frisch gepresster Zitronensaft
2 TL abgeriebene Schale von 1 Bio-Orange
250 g gemischte Beeren (z. B. Himbeeren, Rote Johannisbeeren, Heidelbeeren)

Für 1 Springform von 26 cm Ø (12 Stücke)
30 Min. Zubereitung
1 Std. Backen | 15 Min. Ruhen
Pro Stück ca. 440 kcal, 13 g EW, 30 g F, 30 g KH

1 Die Form mit Backpapier auslegen. Butter schmelzen lassen. Kekse in einem Gefrierbeutel fein zerkrümeln und mit Butter mischen. Die Keksmasse auf den Boden der Form drücken.

2 Eier trennen. Eiweiße und Zucker steif schlagen. Quark, Frischkäse, Crème fraîche und Eigelbe mit den Quirlen des Handrührgeräts verrühren. Stärke, Zitronensaft und Orangenschale unter die Creme rühren. Den Eischnee behutsam unterheben. Backofen auf 150° vorheizen. Beeren verlesen, eventuell waschen und trocken tupfen.

3 Die Masse auf den Boden streichen. Die Beeren darauf verteilen. Im Ofen (unten, Umluft 140°) ca. 1 Std. backen, dann im ausgeschalteten Ofen ca. 15 Min. stehen lassen. Den Kuchen in der Form mehrere Stunden auskühlen lassen.

oben: Beeren-Cheesecake | unten: Limetten-Cheesecake

schmecken warm am besten

Quarkbuchteln

Ob Buchteln, Ofen- oder Rohrnudeln – immer wird eine cremige Quarkfüllung von buttrigem Hefeteig umschlossen und im Ofen goldbraun gebacken.

250 ml Milch | 500 g Mehl
25 g frische Hefe
50 g Zucker | 1 EL Vanillezucker
1 kräftige Prise Salz
1 Ei (M) | 125 g weiche Butter
1 TL abgeriebene Schale von 1 Bio-Zitrone
250 g Magerquark
50 g Puderzucker
75 g Rosinen | 1 Eigelb (M)
2 EL Rum (nach Belieben)
Mehl zum Arbeiten
Puderzucker zum Bestreuen

Für 1 Springform von 28 cm Ø (16 Stück)
1 Std. 10 Min. Zubereitung
1 Std. 10 Min. Ruhen | 25 Min. Backen
Pro Stück ca. 250 kcal, 7 g EW, 9 g F, 35 g KH

1 Die Milch lauwarm erhitzen. Mehl in eine Schüssel geben, in die Mitte eine Mulde drücken. Hefe hineinbröckeln, mit etwas Milch, 1 TL Zucker und etwas Mehl vom Rand verrühren. Vorteig abgedeckt an einem warmen Ort ca. 15 Min. gehen lassen.

2 Übrige lauwarme Milch, restlichen Zucker, 1 EL Vanillezucker, Salz, Ei, 75 g Butter und Zitronenschale zum Vorteig geben. Zuerst mit den Knethaken des Handrührgeräts, dann mit den Händen zu einem glatten Teig verkneten. Den Teig abgedeckt an einem warmen Ort ca. 45 Min. gehen lassen, bis sich das Volumen verdoppelt hat.

3 Für die Füllung Quark, Puderzucker, Rosinen, Eigelb und nach Belieben Rum verrühren. Teig auf einer bemehlten Arbeitsfläche zu einem ca. 1 cm dicken Quadrat ausrollen, dieses in 16 gleich große Quadrate schneiden. Je 1 gehäuften TL Füllung daraufgeben, die Teigecken hochziehen und über der Füllung zusammendrücken. Übrige Butter schmelzen lassen. Buchteln darin wenden und mit der Naht nach unten nebeneinander in die Form setzen. Die Buchteln mit restlicher Butter begießen und abgedeckt ca. 10 Min. gehen lassen. Den Backofen auf 180° vorheizen. Die Buchteln im Ofen (Mitte, Umluft 160°) ca. 25 Min. backen. Herausnehmen und mit Puderzucker bestreuen.

VARIANTE – TOPFENGOLATSCHEN

Den Hefeteig wie in Schritt 1 und 2 zubereiten. 75 g Rosinen in 4 EL Rum oder Apfelsaft einweichen. 1 Ei trennen. Eigelb, 40 g weiche Butter, 50 g Zucker, 1 Päckchen Vanillezucker und 2 TL abgeriebene Schale von 1 Bio-Zitrone schaumig rühren. 250 g Quark (20 % Fett i. Tr.) unterrühren. Rosinen abtropfen lassen. Eiweiß mit 50 g Zucker steif schlagen. Mit Rosinen unterheben. Zwei Backbleche mit Backpapier auslegen. Teig zu einem Quadrat (ca. 50 x 50 cm) ausrollen, dieses in 16 gleich große Quadrate schneiden. Je 1 EL Füllung daraufgeben. Die Teigecken hochziehen, darüber zusammenschlagen und andrücken. Die Golatschen auf den Blechen ca. 15 Min. gehen lassen. Ofen auf 180° (Umluft 160°) vorheizen. Golatschen mit 2–3 EL Sahne bestreichen. Im Backofen (Mitte) 15–20 Min. backen.

fein zum Cappuccino

Ricotta-Pinienkern-Crostata

Biss für Biss ist diese italienische Spezialität ein Hochgenuss – feiner Mürbeteig mit cremiger Füllung aus Ricotta, Zitrone und Orangenlikör. Unbedingt ausprobieren!

Für den Mürbeteig:
300 g Mehl
150 g Butter | 100 g Zucker
1 Prise Salz | 1 Ei (M)
Mehl zum Arbeiten
Für den Belag:
75 g Rosinen
50 g Pinienkerne
500 g cremiger Ricotta
200 g Zucker
2 Eier (M)
2 Eigelb (M)
2 TL abgeriebene Schale von 1 Bio-Zitrone
2 TL abgeriebene Schale von 1 Bio-Orange
2 EL Orangenlikör (oder Orangensaft)
1 Eigelb und 1 EL Milch zum Bestreichen

Für 1 Tarte- oder Springform von 26 cm Ø
(12 Stücke)
1 Std. Zubereitung | 30 Min. Kühlen
40 Min. Backen
Pro Stück ca. 440 kcal, 10 g EW, 23 g F, 49 g KH

1 Aus den Teigzutaten und 1–2 TL kaltem Wasser nach dem Grundrezept (s. S. 6) einen Mürbeteig kneten und ca. 30 Min. kalt stellen. Rosinen in 100 ml heißem Wasser einweichen. Pinienkerne in einer Pfanne ohne Fett goldgelb rösten. Den Boden der Form mit Backpapier auslegen.

2 Ricotta, Zucker, Eier, Eigelbe, Zitronenschale, Orangenschale und Orangenlikör glatt rühren. Die Rosinen abtropfen lassen, mit Küchenpapier trocken tupfen und zusammen mit zwei Dritteln der Pinienkerne unter die Ricottacreme rühren. Den Backofen auf 180° vorheizen.

3 Drei Viertel des Teiges auf einer leicht bemehlten Arbeitsfläche etwas größer als die Form ausrollen, in die Form legen und dabei einen ca. 5 cm hohen Rand bilden. Restlichen Teig dünn ausrollen und in schmale Streifen schneiden. Ricottacreme auf den Teigboden streichen und die Teigstreifen gitterartig auf die Creme legen. Mit restlichen Pinienkernen bestreuen. Eigelb mit Milch verquirlen, das Teiggitter damit bestreichen. Im Ofen (Mitte, Umluft 160°) ca. 40 Min. backen. Crostata herausnehmen und abkühlen lassen.

VARIANTE – TIRAMISU

Für 6 Portionen: 4 ganz frische Eigelb (M) und 50 g Zucker mit den Quirlen des Handrührgeräts hellcremig schlagen. 500 g Mascarpone unterrühren. 250 ml kalten Espresso und 6 EL Mandellikör (z. B. Amaretto) mischen. Eine quadratische Form (ca. 26 x 26 cm) mit ca. 100 g Löffelbiskuits auslegen. Mit der Hälfte der Espresso-Mischung beträufeln. Die Hälfte der Mascarponecreme daraufstreichen. Mit weiteren ca. 100 g Löffelbiskuits belegen und mit übriger Espresso-Mischung beträufeln. Restliche Mascarponecreme daraufgeben und glatt streichen. Das Tiramisu mit Frischhaltefolie abgedeckt ca. 4 Std. im Kühlschrank durchziehen lassen. Kurz vor dem Servieren dick mit Kakaopulver bestäuben, dann in Portionen teilen.

Klassiker der Alpenküche

Topfenstrudel

Eine sehr aromatische Schichtkäsefüllung mit Rumrosinen, das Ganze umhüllt von blättrigem Strudelteig – ein köstlicher Traum!

Für den Strudelteig:
225 g Mehl
3 EL Sonnenblumenöl
½ TL Salz
Mehl zum Arbeiten
Für die Füllung:
50 g Rosinen
2 EL Rum (oder Apfelsaft)
500 g Schichtkäse (20 % Fett i. Tr.)
Mark von 1 Vanilleschote
125 g Zucker
2 Eier (M)
2 EL frisch gepresster Zitronensaft
2 TL abgeriebene Schale von 1 Bio-Zitrone
2 gestrichene EL Speisestärke
75 g Butter zum Bestreichen
3 EL Semmelbrösel zum Bestreuen
Puderzucker zum Bestreuen

Für 12 Stücke | 40 Min. Zubereitung
30 Min. Ruhen | 35 Min. Backen
Pro Stück ca. 265 kcal, 8 g EW, 11 g F, 31 g KH

1 Für den Strudelteig das Mehl in eine Schüssel geben. 110 ml lauwarmes Wasser, Öl und Salz dazugeben. Alles zuerst mit den Knethaken des Handrührgeräts, dann mit den Händen zu einem elastischen Teig verkneten. Den Strudelteig in Frischhaltefolie wickeln und bei Zimmertemperatur ca. 30 Min. ruhen lassen.

2 Inzwischen für die Füllung die Rosinen in Rum einweichen. Schichtkäse mit Vanillemark, Zucker, Eiern, Zitronensaft und -schale und Stärke verrühren. Rosinen samt Flüssigkeit unterrühren.

3 Ein großes Küchentuch ausbreiten und leicht mit Mehl bestäuben. Den Teig daraufgeben und so dünn wie möglich zu einem Quadrat ausrollen. Den Teig behutsam über die Handrücken (Bild 1) zu einem Quadrat (ca. 40 x 40 cm) ausziehen und auf das Tuch legen. Die Butter zerlassen. Den Teig mit 2 EL Butter bestreichen und mit Semmelbröseln bestreuen. Den Backofen auf 200° vorheizen. Ein Backblech mit Backpapier auslegen.

4 Die Quarkmasse auf dem Teig verstreichen, dabei jeweils einen kleinen Rand frei lassen. Durch Anheben des Tuches den Strudel aufrollen (Bild 2), mit der Naht nach unten auf das Blech legen und mit 2 EL Butter bestreichen. Im Ofen (unten, Umluft 180°) in 30–35 Min. goldbraun backen. Den Strudel herausnehmen, noch heiß mit der übrigen Butter bestreichen und mit Puderzucker bestreuen.

AUSTAUSCH-TIPP

Für eine fruchtige Variante des Klassikers die Rosinen in der Füllung durch getrocknete Sauerkirschen oder Cranberrys ersetzen, und die Trockenfrüchte zuvor in Kirschwasser oder Apfelsaft einweichen.

1

2

3

für Schokofans

Cream-Cheese-Brownies

Für den Schokoladenteig:
300 g Zartbitterschokolade
(mindestens 70 % Kakaoanteil)
300 g Butter | 5 Eier (M)
350 g brauner Zucker
180 g Mehl
Butter und Mehl für das Backblech
Für die Käsemasse:
50 g weiche Butter
500 g Frischkäse (Doppelrahmstufe)
2 Päckchen Vanillezucker
30 g Zucker | 2 Eier (M)

Für 1 Backblech (24 Stücke)
30 Min. Zubereitung | 30 Min. Backen
Pro Stück ca. 370 kcal, 6 g EW, 26 g F, 27 g KH

1 Schokolade hacken und mit der Butter bei kleiner Hitze unter Rühren schmelzen lassen, dann lauwarm abkühlen lassen. Eier und Zucker mit den Quirlen des Handrührgeräts schaumig schlagen. Lauwarme Schokomischung und Mehl kurz unterrühren. Das Blech einfetten und mit Mehl ausstreuen. Den Backofen auf 180° vorheizen.

2 Butter und Frischkäse mit dem Schneebesen verrühren. Vanillezucker, Zucker und Eier unterrühren. Zwei Drittel des Schokoladenteiges auf das Blech streichen. Die Käsecreme daraufgeben, übrigen Schokoladenteig darauf verteilen. Mit einer Gabel Teig und Creme so verrühren, dass eine Marmorierung entsteht. Im Ofen (Mitte, Umluft 160°) ca. 30 Min. backen. Der Teig soll noch weich sein. Herausnehmen, abkühlen lassen und in Stücke schneiden.

von Kindern geliebt

Schoko-Käse-Muffins

Für den Teig:
250 g Mehl
100 g Zucker
2 EL Kakaopulver
1 Prise Salz
150 g weiche Butter
Butter für die Form
Für die Füllung:
1 Päckchen Vanillepuddingpulver
zum Kochen
100 ml Milch
400 g Magerquark
3 Eier (M)
80 g Zucker

Für 1 Muffinform (12 Stück)
35 Min. Zubereitung | 20 Min. Backen
Pro Stück ca. 300 kcal, 9 g EW, 14 g F, 35 g KH

1 Die Mulden der Muffinform einfetten. Für den Teig alle Zutaten in eine Rührschüssel geben und mit den Fingern zu Streuseln verkneten. Drei Viertel davon als Boden und Rand in die Mulden drücken (je Mulde ca. 1½ EL Streusel), den Rest beiseitestellen. Den Backofen auf 200° vorheizen.

2 Für die Füllung das Puddingpulver mit Milch glatt verrühren. Quark, Eier und Zucker unterrühren. Die Quarkmasse auf dem Teig verteilen, restliche Streusel daraufgeben. Im Backofen (Mitte, Umluft 180°) ca. 20 Min. backen. Die Muffins herausnehmen, in der Form ca. 20 Min. abkühlen lassen, dann behutsam herauslösen und auf einem Kuchengitter auskühlen lassen.

oben: Schoko-Käse-Muffins | unten: Cream-Cheese-Brownies

Sahnig & prächtig

Fein gefüllt oder behutsam gerollt, mit zarter Espressocreme oder Passionsfrüchten veredelt oder zur üppigen Sahnetorte gestapelt – hier gibt's Feines für besondere Anlässe. So ganz nach meinem Geschmack ist dieser Käsekuchen mit Nüssen. Das kernige Karamell-Topping beeindruckt optisch und schmeckt zuckersüß.

Käsekuchen mit Nüssen

Für den Streuselteig:
150 g Weizenvollkornmehl
1 TL Backpulver
50 g Rohrohrzucker
50 g gemahlene Haselnüsse
100 g kalte Butter
Butter für die Form
Für den Belag:
1 Bio-Orange
400 g Frischkäse (Doppelrahmstufe)
200 g Schmand
200 g Rohrohrzucker
3 Eier (M) | 50 g Speisestärke
150 g Nusskernmischung | 5 EL Sahne

Für 1 Springform von 26 cm Ø (12 Stücke)
35 Min. Zubereitung | 50 Min. Backen
Pro Stück ca. 500 kcal, 10 g EW, 35 g F, 36 g KH

1 Die Form mit Backpapier auslegen, den Rand einfetten. Mehl, Backpulver, Zucker, Haselnüsse und Butter in Flöckchen mit den Händen zu Streuseln kneten. Die Streusel auf den Boden der Form drücken. Den Backofen auf 200° vorheizen.

2 Orange heiß waschen und abtrocknen, die Schale fein abreiben und den Saft auspressen. Beides mit Frischkäse, Schmand und 150 g Zucker verrühren. Eier unterrühren, dann die Stärke unterrühren. Die Masse auf den Streuselboden gießen. Im Ofen (unten, Umluft 180°) ca. 35 Min. backen.

3 Die Nüsse grob hacken. Kuchen aus dem Ofen nehmen, Nüsse darauf verteilen, mit restlichem Zucker bestreuen und mit Sahne beträufeln. Weitere 15–17 Min. backen, bis der Zucker karamellisiert und die Nüsse gebräunt sind. Herausnehmen und auf einem Kuchengitter auskühlen lassen.

sommerlich | sonntagsfein

Himbeer-Käsesahne-Torte

Manchmal muss es etwas Besonderes sein! Da lohnt sich der zeitliche Aufwand, der übrigens schon nach dem ersten Bissen vergessen ist.

Für den Teig:
200 g Mehl
60 g Puderzucker
1 Prise Salz
1 Eigelb (M)
120 g kalte Butter
Mehl zum Arbeiten
Für die Füllung:
7 Blatt weiße Gelatine
200 ml Milch
125 g Zucker
2 TL abgeriebene Schale von 1 Bio-Zitrone
4 Eigelb (M)
500 g Himbeeren
500 g Magerquark
2 EL frisch gepresster Zitronensaft
500 g Sahne
Puderzucker zum Bestreuen

Für 1 Springform von 26 cm Ø (12 Stücke)
1 Std. 10 Min. Zubereitung
12 Min. Backen | 4 Std. 30 Min. Kühlen
Pro Stück ca. 420 kcal, 12 g EW, 25 g F, 35 g KH

1 Für den Teig das Mehl auf eine Arbeitsfläche geben und in die Mitte eine Mulde drücken. Puderzucker, Salz und Eigelb dazugeben. Die Butter in Flöckchen schneiden und auf dem Rand verteilen. Alle Zutaten vom Rand aus rasch zu einem geschmeidigen Teig verkneten. Den Teig in Frischhaltefolie wickeln und ca. 30 Min. kalt stellen.

2 Den Backofen auf 180° (Umluft 160°) vorheizen. Den Teig auf einer leicht bemehlten Arbeitsfläche zu zwei Kreisen in der Größe der Springform ausrollen. Zwei Backbleche mit Backpapier auslegen, die Teigkreise darauflegen. Im Ofen (Mitte) in 10–12 Min. knusprig backen, dann herausnehmen. Einen Boden noch warm in 12 Stücke schneiden und vollständig auskühlen lassen.

3 Für die Creme die Gelatine in kaltem Wasser ca. 5 Min. einweichen. Milch, Zucker und Zitronenschale aufkochen. 3 EL davon mit den Eigelben verquirlen, dann die Mischung nach und nach unter die Milch rühren. Unter ständigem Rühren erhitzen, bis die Creme etwas andickt. Die Gelatine ausdrücken und darin auflösen. Die Creme durch ein Sieb gießen und abkühlen lassen.

4 Die Himbeeren verlesen, 12 Beeren beiseitelegen. 200 g Himbeeren pürieren und durch ein Sieb streichen. Quark, Himbeerpüree und Zitronensaft unter die kalte Creme rühren. Sahne steif schlagen, ca. 4 EL davon in einen Spritzbeutel mit Sterntülle füllen und kühlen, den Rest unter die Creme heben.

5 Den ganzen Tortenboden in die Form oder in einen Tortenring legen. Den Boden mit der Hälfte der Creme bestreichen, restliche Himbeeren darauf verteilen. Übrige Creme darauf glatt streichen. Die Torte mindestens 4 Std. kalt stellen. Zum Servieren mit den Tortenbodenstücken belegen. Mit Puderzucker bestreuen, mit 12 Sahnetupfen und den beiseitegelegten Himbeeren garnieren.

Amerika lässt grüßen

Passionsfruchttörtchen

Cheesecake-Fans werden jubeln und diese cremig-süßen Törtchen mit dem aromatischen Topping ab sofort öfter auf den Kaffeetisch bringen.

100 g Butter
180 g dunkle Schokoladenkekse (ungefüllt, z. B. Cookies)
300 g weiße Schokolade
400 g Frischkäse (Doppelrahmstufe)
150 g Magerquark
40 g Puderzucker
Mark von ½ Vanilleschote
250 ml frisch gepresster Orangensaft
2 TL abgeriebene Schale von 1 Bio-Orange
8 Passionsfrüchte
1 Päckchen klarer Tortenguss
1 EL Zucker

Für 8 Törtchen von 7 cm Ø
1 Std. Zubereitung | 4 Std. 10 Min. Kühlen
Pro Stück ca. 650 kcal, 12 g EW, 43 g F, 52 g KH

1 Acht Metallringe (Backringe) auf ein mit Backpapier belegtes Brett oder Tablett legen. Die Butter schmelzen lassen. Die Kekse in einen Gefrierbeutel geben und mit dem Nudelholz fein zerkrümeln. Mit der flüssigen Butter mischen. Die Keksmasse als Boden in die Backringe drücken und kalt stellen.

2 Die Schokolade hacken und in einer Metallschüssel über dem heißen Wasserbad schmelzen, dann lauwarm abkühlen lassen. Frischkäse, Quark, Puderzucker, Vanillemark, 2 EL Orangensaft, Orangenschale und Schokolade mit den Quirlen des Handrührgeräts verrühren.

3 Die Käsecreme in die Ringe einfüllen und glatt streichen. Mit Frischhaltefolie abdecken und mindestens 4 Std. in den Kühlschrank stellen.

4 Die Passionsfrüchte halbieren, das Fruchtfleisch und die Kerne mit einem Teelöffel herauslösen. Übrigen Orangensaft, Tortenguss und Zucker in einem kleinen Topf verrühren und unter Rühren aufkochen. Das Passionsfruchtfleisch unterrühren, dann mit einem Esslöffel auf den Törtchen verteilen und im Kühlschrank in ca. 10 Min. fest werden lassen. Zum Anrichten die Törtchen mit einem kleinen Küchenmesser aus den Ringen lösen.

AUFBEWAHRUNGS-TIPP

Die Törtchen mit Frischhaltefolie abdecken und im Kühlschrank ca. 3 Tage aufbewahren.

FORMEN-TIPP

Wer keine Backringe hat, kann stattdessen eine Muffinform nehmen. Dann 12 Papier-Backförmchen in die Mulden der Form setzen und, wie oben beschrieben, füllen und kühlen. Zum Anrichten die Törtchen vorsichtig aus der Muffinform lösen, die Papier-Backförmchen entfernen und die Törtchen auf Teller setzen.

frühlingshaft | gästefein

Erdbeer-Mousse-Torte

Mandelbuttriger Mürbeteig, sahnige Creme und die leckersten Erdbeeren, die es auf dem Markt gibt – diese Torte überzeugt optisch und geschmacklich.

Für den Mürbeteig:
125 g weiche Butter
100 g Puderzucker
1 Prise Salz | 1 Ei (M)
200 g Mehl
50 g abgezogene gemahlene Mandeln
Butter für die Form
Mehl zum Arbeiten
getrocknete Hülsenfrüchte zum Blindbacken
Für den Belag:
750 g Erdbeeren
10 Blatt weiße Gelatine
1 Bio-Limette
750 g Quark (20 % Fett i. Tr.)
150 g Puderzucker | 300 g Sahne
4 EL rotes Johannisbeergelee
einige Blättchen Verbene (oder Melisse)

Für 1 Tarteform von 28 cm Ø (12 Stücke)
1 Std. 10 Min. Zubereitung
7 Std. Kühlen | 30 Min. Backen
Pro Stück ca. 450 kcal, 14 g EW, 24 g F, 44 g KH

1 Für den Mürbeteig Butter, Puderzucker und Salz mit den Quirlen des Handrührgeräts glatt rühren. Das Ei unterrühren, dann Mehl und Mandeln dazugeben und kurz unterkneten. Den Teig zu einer Kugel formen, etwas flach drücken, in Frischhaltefolie wickeln und ca. 2 Std. kalt stellen.

2 Den Backofen auf 200° vorheizen. Eine Tarteform (mit herausnehmbarem Boden) einfetten. Den Teig auf einer leicht bemehlten Arbeitsfläche auf ca. 35 cm Ø ausrollen und in die Form legen, dabei einen ca. 5 cm hohen Rand bilden. Teigboden mit einer Gabel mehrmals einstechen, mit Backpapier belegen und mit Hülsenfrüchten beschweren. Im Ofen (unten, Umluft 180°) ca. 20 Min. backen, dann Backpapier und Hülsenfrüchte entfernen und den Tortenboden in weiteren 10 Min. knusprig-hellbraun backen. Herausnehmen und abkühlen lassen.

3 Für den Belag 400 g Erdbeeren waschen, putzen, trocken tupfen, pürieren und durch ein feines Sieb streichen. Gelatine in kaltem Wasser ca. 5 Min. einweichen. Limette heiß waschen und abtrocknen, die Schale fein abreiben und den Saft auspressen. Quark, Puderzucker und Limettenschale verrühren. Limettensaft erwärmen, die Gelatine tropfnass darin auflösen. Etwas Quarkcreme unter die Gelatine rühren, dann diese Mischung unter die übrige Quarkcreme rühren. Die Creme 10–20 Min. kalt stellen, bis sie leicht andickt.

4 Die Sahne steif schlagen, behutsam unter die gelierende Quarkcreme heben. Die Creme auf den Tortenboden geben und glatt streichen. Mindestens 5 Std. abgedeckt kalt stellen.

5 Zum Servieren die übrigen Erdbeeren waschen, putzen, trocken tupfen und halbieren. Die Torte damit belegen. Das Gelee mit 2 EL Wasser erwärmen, glatt rühren und über die Erdbeeren geben. Kräuterblättchen waschen, trocken schütteln und die Torte damit verzieren.

1
2
3
4
5

lässt sich gut vorbereiten

Zitronen-Biskuitrolle

Scheibchenweise Genuss pur! Den englischen Touch erhält die Biskuitrolle durch Lemon-Curd. Und wie wär's mit einem Tässchen Earl Grey dazu?

Für den Biskuit:
5 Eier (M) | 75 g Zucker
1 Prise Salz
100 g Mehl
Zucker zum Bestreuen
Für die Füllung:
4 Blatt weiße Gelatine
300 g Frischkäse (Doppelrahmstufe)
300 g Lemon-Curd (Zitronenaufstrich)
50 g Puderzucker
3 EL frisch gepresster Zitronensaft
200 g Sahne
Puderzucker zum Bestreuen

Für 12 Stücke | 45 Min. Zubereitung
8 Min. Backen | 2 Std. Kühlen
Pro Stück ca. 330 kcal, 7 g EW, 18 g F, 34 g KH

1 Für den Biskuit den Backofen auf 200° (Umluft 180°) vorheizen. Ein Backblech mit Backpapier auslegen. Die Eier trennen. Eigelbe und Zucker hell-cremig schlagen. Eiweiße und Salz steif schlagen und auf die Eigelbcreme geben. Das Mehl daraufsieben und alles behutsam unterheben (Bild 1). Die Masse auf das Backpapier streichen. Im heißen Backofen (Mitte) in ca. 8 Min. hellgelb backen.

2 Ein Küchenhandtuch auf die Arbeitsfläche legen, mit Zucker bestreuen. Die Biskuitplatte auf das Handtuch stürzen und das Backpapier abziehen (Bild 2). Den Biskuit zusammen mit dem Handtuch aufrollen und auskühlen lassen.

3 Für die Füllung die Gelatine in kaltem Wasser ca. 5 Min. einweichen. Frischkäse, 150 g Lemon-Curd und Puderzucker verrühren. Den Zitronensaft erwärmen, die Gelatine tropfnass dazugeben und darin auflösen. Etwas Creme unterrühren, dann die Mischung unter die übrige Creme rühren. Die Sahne mit den Quirlen des Handrührgeräts steif schlagen und behutsam unter die Creme heben.

4 Die Biskuitrolle vorsichtig auseinanderrollen und dünn mit dem restlichen Lemon-Curd bestreichen (Bild 3). Die Frischkäsecreme daraufstreichen. Die Biskuitrolle von der Längsseite her vorsichtig aufrollen (Bild 4) und ca. 2 Std. in den Kühlschrank stellen. Die Biskuitrolle mit Puderzucker bestreuen.

TIPP – BACKPAPIER ABZIEHEN

Das Backpapier lässt sich leicht entfernen, wenn Sie es zuvor mit etwas kaltem Wasser befeuchten.

DEKO-TIPP

Die Biskuitrolle mit Sahnetupfen und halbierten kandierten Zitronenscheiben verzieren.

Klassiker fein verwandelt

Käse-Bienenstich

Ein Kuchen fast wie aus Großmutters Zeiten – neu ist die mit Vanille verfeinerte Quarkcreme zwischen den beiden Hefeteigplatten.

Für den Hefeteig:
225 ml Milch | 550 g Mehl
1 Würfel frische Hefe (ca. 42 g)
50 g Zucker
75 g weiche Butter | 2 Eier (M)
1 kräftige Prise Salz
Butter für das Backblech
Mehl zum Arbeiten
Für die Mandelkruste:
125 g Butter | 150 g Zucker
200 g Mandelblättchen
Für die Käsecreme:
6 Blatt weiße Gelatine
500 ml Milch | 50 g Speisestärke
100 g Zucker
Schote und Mark von 1 Vanilleschote
500 g Quark (40 % Fett i. Tr.)

Für 1 tiefes Backblech (16 Stücke)
1 Std. 10 Min. Zubereitung | 70 Min. Ruhen
1 Std. Kühlen | 20 Min. Backen
Pro Stück ca. 470 kcal, 13 g EW, 24 g F, 50 g KH

1 Für den Teig die Milch lauwarm erhitzen. Das Mehl in eine Schüssel geben, in die Mitte eine Mulde drücken. Die Hefe hineinbröckeln, mit etwas lauwarmer Milch, 1 TL Zucker und etwas Mehl vom Rand verrühren. Den Vorteig abgedeckt an einem warmen Ort ca. 15 Min. gehen lassen.

2 Übrige lauwarme Milch, restlichen Zucker, Butter, Eier und Salz zum gegangenen Vorteig geben. Zuerst mit den Knethaken des Handrührgeräts, dann mit den Händen zu einem glatten Teig verkneten. Den Teig kräftig kneten, bis er Blasen wirft und sich vom Schüsselrand löst. Abgedeckt an einem warmen Ort ca. 45 Min. gehen lassen, bis sich das Volumen verdoppelt hat.

3 Inzwischen für die Mandelkruste die Butter schmelzen lassen. Mit Zucker und Mandeln mischen und abkühlen lassen. Das Blech einfetten, den Teig daraufgeben und ausrollen (das geht am besten mit einem kleinen Nudelholz). Backofen auf 200° vorheizen. Teig ca. 10 Min. gehen lassen, dann den Mandelbelag daraufstreichen. Im Ofen (Mitte, Umluft 180°) ca. 20 Min. backen. Herausnehmen und auskühlen lassen.

4 Für die Käsecreme die Gelatine in kaltem Wasser ca. 5 Min. einweichen. 100 ml Milch und Stärke glatt rühren. Übrige Milch, Zucker, Vanilleschote und Vanillemark aufkochen. Angerührte Stärke einrühren, unter Rühren einmal aufkochen, dann den Topf vom Herd nehmen, die Vanilleschote entfernen. Gelatine ausdrücken und darin auflösen. Den Pudding in eine Schüssel füllen, mit Frischhaltefolie abdecken und in ca. 1 Std. auskühlen lassen.

5 Die Teigplatte vierteln und quer durchschneiden. Quark unter den kalten Pudding rühren (sollten sich Klümpchen bilden, mit dem Pürierstab kurz durchmixen). Untere Böden mit Creme bestreichen, obere Böden darauflegen und leicht andrücken. Die Kuchenviertel in Stücke schneiden.

gut vorzubereiten | fein zum Dessert

Haselnuss-Espresso-Käsetorte

Nach Kaffee duftende sahnige Ricottacreme auf knuspriger Haselnusskruste – dazu eine Schale Milchkaffee, und das Kuchenglück ist perfekt!

Für die Nusskruste:
300 g Haselnusskerne
60 g Butter
100 g Zucker
1 EL flüssiger Honig
Für die Füllung:
500 g cremiger Ricotta
200 g Frischkäse (Doppelrahmstufe)
2 EL Mehl
2 Eier (M)
125 g Zucker
1 Päckchen Vanillezucker
1 TL Zimtpulver
60 ml abgekühlter Espresso

Für 1 Springform von 24 cm Ø (10 Stücke)
1 Std. Zubereitung | 30 Min. Kühlen
40 Min. Backen
Pro Stück ca. 520 kcal, 12 g EW, 39 g F, 31 g KH

1 Für die Nusskruste den Backofen auf 200° (Umluft 180°) vorheizen. Die Haselnusskerne auf ein Backblech geben und im Ofen (Mitte) 6–10 Min. rösten, bis die Häutchen platzen und schwarz werden. Herausnehmen, auf ein Küchenhandtuch geben und damit die Schalen abreiben. Den Backofen auf 180° (Umluft 160°) herunterschalten. Den Boden und den Rand der Form mit Backpapier auslegen. Die Haselnusskerne ca. 30 Min. abkühlen lassen.

2 2 EL Nüsse grob hacken und beiseitestellen. Butter schmelzen, mit Zucker und Honig mischen und leicht abkühlen lassen. Übrige Nüsse im Blitzhacker fein mahlen und unter die Buttermischung rühren. Die Nussmasse in die Form geben und mit einem Löffel an Boden und Rand verstreichen. Dann die Form mit der Masse kalt stellen.

3 Für die Füllung Ricotta und Frischkäse mit den Quirlen des Handrührgeräts glatt rühren. Mehl unterrühren, dann die Eier nach und nach unterrühren, bis die Masse glatt ist. Zucker, Vanillezucker, Zimtpulver und Espresso unterrühren.

4 Die Füllung auf dem Teigboden verstreichen. Im Backofen (Mitte) 35–40 Min. backen. Der Kuchen ist fertig, wenn er beim Berühren der Form in der Mitte noch leicht »zittert«. Den Kuchen herausnehmen und auf einem Kuchengitter in mehreren Stunden auskühlen lassen. Vor dem Servieren den Kuchen aus der Form lösen und mit den beiseitegestellten Haselnüssen bestreuen.

SPEED-TIPP

Anstelle der etwas aufwendigen Nusskruste schmeckt auch eine Kekskruste ausgezeichnet. Dafür 75 g Butter schmelzen lassen. 150 g Nusskekse in einen Gefrierbeutel geben und mit dem Nudelholz fein zerkrümeln. Die Kekskrümel mit der Butter mischen und mit den Händen in die Form drücken.

Zum Gebrauch
Damit Sie Rezepte mit bestimmten Zutaten noch schneller finden können, stehen in diesem Register zusätzlich auch beliebte Zutaten wie **Frischkäse** oder **Mandeln** – ebenfalls alphabetisch geordnet und **hervorgehoben** – über den entsprechenden Rezepten.

Unsere Garantie

Alle Informationen in diesem Ratgeber sind sorgfältig und gewissenhaft geprüft. Sollte dennoch einmal ein Fehler enthalten sein, schicken Sie uns das Buch mit dem entsprechenden Hinweis an unseren Leserservice zurück. Wir tauschen Ihnen den GU-Ratgeber gegen einen anderen zum gleichen oder ähnlichen Thema um.

Liebe Leserin und lieber Leser,

wir freuen uns, dass Sie sich für ein GU-Buch entschieden haben. Mit Ihrem Kauf setzen Sie auf die Qualität, Kompetenz und Aktualität unserer Ratgeber. Dafür sagen wir Danke! Wir wollen als führender Ratgeberverlag noch besser werden. Daher ist uns Ihre Meinung wichtig. Bitte senden Sie uns Ihre Anregungen, Ihre Kritik oder Ihr Lob zu unseren Büchern. Haben Sie Fragen oder benötigen Sie weiteren Rat zum Thema? Wir freuen uns auf Ihre Nachricht!

Wir sind für Sie da!
Montag – Donnerstag: 8.00 – 18.00 Uhr;
Freitag: 8.00 – 16.00 Uhr
Tel.: 0180 - 5 00 50 54*
Fax: 0180 - 5 01 20 54*
E-Mail:
leserservice@graefe-und-unzer.de

*(0,14 €/Min. aus dem dt. Festnetz/ Mobilfunkpreise maximal 0,42 €/Min.)

P.S.: Wollen Sie noch mehr Aktuelles von GU wissen, dann abonnieren Sie doch unseren kostenlosen GU-Online-Newsletter und/oder unsere kostenlosen Kundenmagazine.

GRÄFE UND UNZER VERLAG
Leserservice
Postfach 86 03 13
81630 München

Projektleitung: Viktoria Hübner
Lektorat: Maryna Zimdars
Korrektorat: Mischa Gallé
Layout, Typografie und Umschlaggestaltung: independent Medien-Design, Horst Moser, München
Satz: Liebl Satz+Grafik, Emmering
Herstellung: Christine Mahnecke
Reproduktion: Repro Ludwig, Zell am See
Druck: Firmengruppe APPL, aprinta druck, Wemding
Bindung: Firmengruppe APPL, sellier druck, Freising

Syndication:
www.jalag-syndication.de

ISBN 978-3-8338-2390-9

1. Auflage 2012

Umwelthinweis

Dieses Buch ist auf PEFC-zertifiziertem Papier aus nachhaltiger Waldwirtschaft gedruckt.

GRÄFE UND UNZER

Ein Unternehmen der
GANSKE VERLAGSGRUPPE

Die Autorin

Anne-Katrin Weber arbeitet als Autorin und freie Foodstylistin in Hamburg. Sie veröffentlichte bereits zahlreiche Koch- und Backbücher bei GU – darunter den Bestseller »Kleine Kuchen« sowie die KüchenRatgeber »Obstkuchen« und »Kuchen backen«. In diesem Buch verrät sie Ihnen die besten Tipps für köstliche Käsekuchen. Mehr über sie gibt es unter www.annekatrinweber.de.

Der Fotograf

Wolfgang Schardt kann seine Liebe für Essen und Trinken beruflich ausleben: In seinem Studio in Hamburg fotografiert er vor allem Food, Stills und Interieur für Magazine wie FEINSCHMECKER, für Verlage und Werbung. Tatkräftig unterstützt wurde er von Anne-Katrin Weber (Foodstyling) und Anke Politt (Fotoassistenz).

Bildnachweis

Titelfoto: EISING STUDIO · Food Photo & Video/Martina Görlach; alle anderen: Wolfgang Schardt, Hamburg

Titelbildrezept

Sonntagskäsekuchen (S. 9)

Die Temperaturangaben bei Gasherden variieren von Hersteller zu Hersteller. Welche Stufe Ihres Herdes der jeweils angegebenen Temperatur entspricht, entnehmen Sie bitte der Gebrauchsanweisung. Bei Elektroherden können die Backzeiten je nach Herd variieren.

Herzhafte **Käsekuchen**

Speck-Käse-Quiche

Feigen-Roquefort-Tarte

Ricotta-Kräuter-Kuchen

Speck-Käse-Quiche

Für den Mürbeteig 150 g Magerquark, 250 g Mehl, 150 g kalte Butter in Flöckchen und ½ TL Salz rasch verkneten, in Frischhaltefolie wickeln und ca. 1 Std. kalt stellen. 5 Eier, 250 g Mascarpone, 150 g Magerquark, ½ TL Salz, Pfeffer und frisch geriebene Muskatnuss verquirlen. 1 Bund Frühlingszwiebeln putzen, waschen und in Röllchen schneiden. 250 g Bergkäse grob raspeln. 150 g durchwachsenen Räucherspeck in Streifen schneiden. Den Backofen auf 200° vorheizen. Den Teig auf einer bemehlten Arbeitsfläche dünn ausrollen und in eine gefettete Springform (26 cm Ø) legen. Frühlingszwiebelringe, Käse und Speckstreifen darauf verteilen, den Guss darübergießen. Die Quiche im Ofen (Mitte, Umluft 180°) in ca. 40 Min. goldbraun backen.

Feigen-Roquefort-Tarte

Ofen auf 220° vorheizen. 4 reife Feigen waschen, in Spalten schneiden. 100 g Roquefort-Käse zerkrümeln. 1 Packung Blätterteig (ca. 270 g, Kühlregal) auf ein mit Backpapier ausgelegtes Blech legen. Mit einer Gabel mehrmals einstechen. 200 g Frischkäse und 2 Eigelbe verquirlen, mit Salz und Pfeffer würzen und auf den Teig streichen. Feigen und Käse daraufgeben. Mit 2 TL Thymianblättchen bestreuen. Im Ofen (unten, Umluft 200°) ca. 25 Min. backen.

Ricotta-Kräuter-Kuchen

Je 1 Bund glatte Petersilie und Basilikum waschen, trocken schütteln und grob hacken. 200 g Schafskäse (Feta) zerkrümeln. Kräuter, Käse, 500 g Ricotta, 3 Eier, 2 EL Mehl, ½ TL Salz, Pfeffer und frisch geriebene Muskatnuss verrühren. 2 Knoblauchzehen schälen, dazupressen und unterrühren. Backofen auf 180° vorheizen. Eine Tarteform (26 cm Ø) mit Olivenöl einfetten. Aus einer Packung Strudelteig (250 g, Kühlregal) 2 Teigblätter herausnehmen und in die Form legen. Mit 2 TL Olivenöl bepinseln. Dann wieder 2 Teigblätter hineinlegen, mit Olivenöl bepinseln und so fortfahren, bis der Teig aufgebraucht ist. Die Ricottacreme daraufgeben. Überhängende Teigränder über die Füllung schlagen. Im Ofen (unten, Umluft 160°) 30–35 Min. backen.